Impressum
Verlag: BABADADA GmbH, Nedderfeld 112 , 22529 Hamburg
Geschäftsführer / Verlagsleitung: Harald Hof
Druck: Books on Demand GmbH, In de Tarpen 42, 22848 Norderstedt

Imprint
Publisher: BABADADA GmbH, Nedderfeld 112 , 22529 Hamburg, Germany
Managing Director / Publishing direction: Harald Hof
Print: Books on Demand GmbH, In de Tarpen 42, 22848 Norderstedt

school

scol

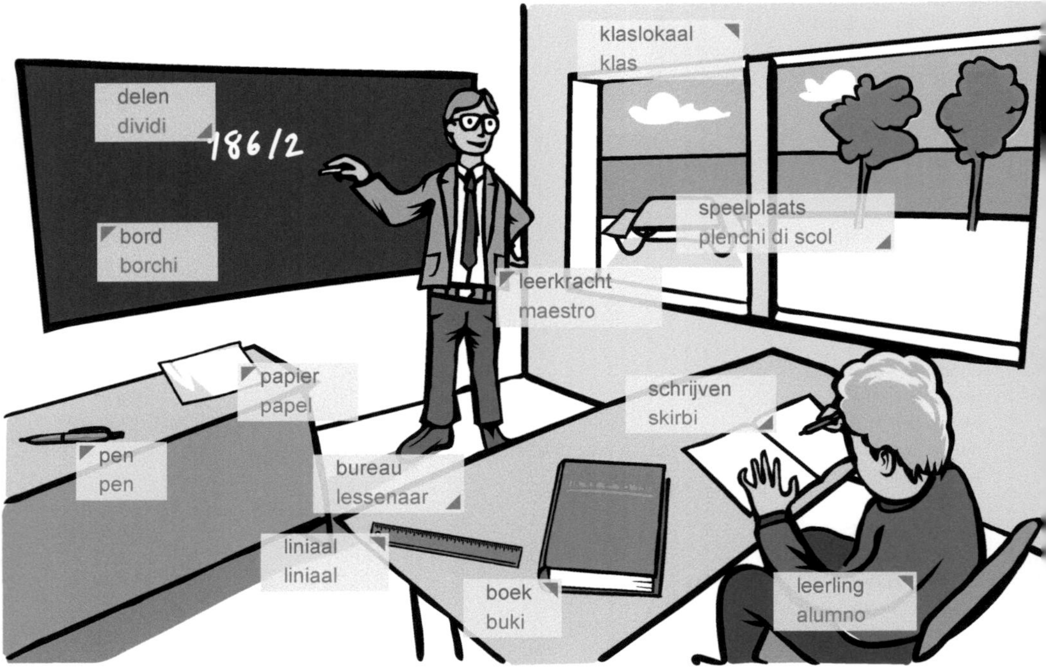
klaslokaal
klas
delen
dividi
186/2
bord
borchi
speelplaats
plenchi di scol
leerkracht
maestro
papier
papel
schrijven
skirbi
pen
pen
bureau
lessenaar
liniaal
liniaal
boek
buki
leerling
alumno

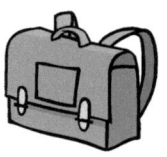

schooltas

tas di scol

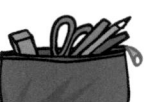

pennenzak

etui

potlood

potlood

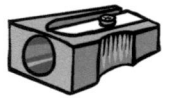

puntenslijper

slijper

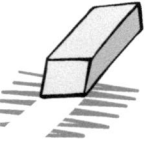

gom

gum

tekenblok

buki di pinta

tekening

pintura

verfborstel

cuashi

verfdoos

caha di verf

schaar

sker

lijm

lijm

werkboek

schrift

huiswerk

huiswerk

nummer

number

optellen

suma

aftrekken

kita

vermenigvuldigen

multiplica

rekenen

conta

letter

letter

alfabet

alfabet

woord

palabra

tekst

texto

Lezen

lesa

krijt

krijt

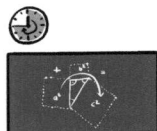

les

les

klassenboek

klassenboek

examen

examen

certificaat

diploma

schooluniform

uniform di scol

onderwijs

estudio

encyclopedie

enciclopedia

universiteit

universidad

microscoop

microscop

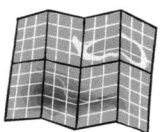

kaart

mapa

papiermand

bari di sushi

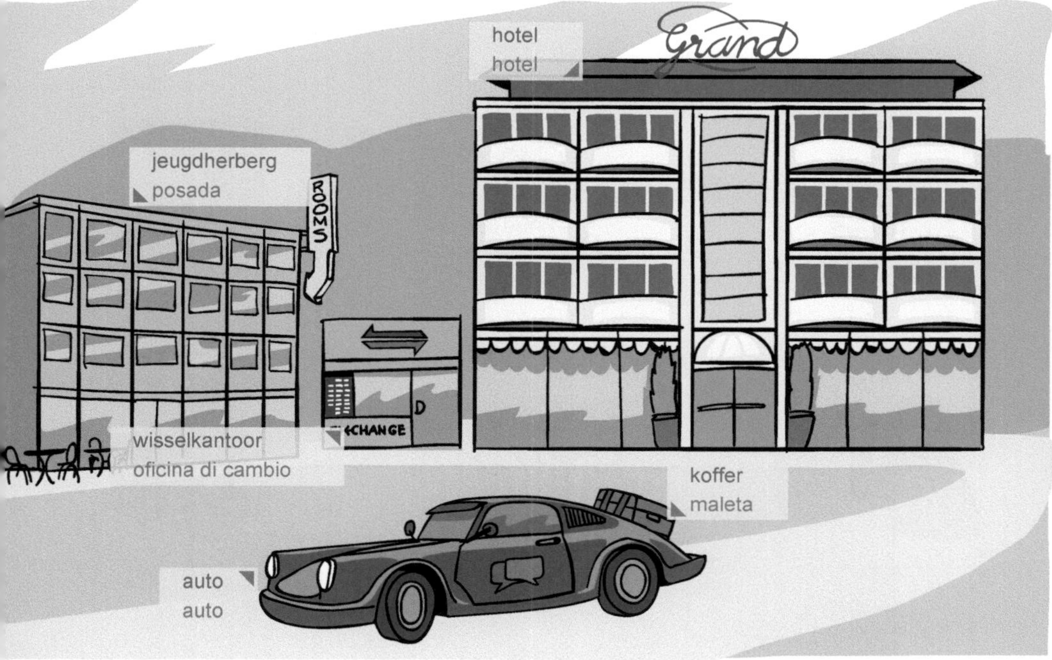

hotel
hotel

jeugdherberg
posada

ROOMS

wisselkantoor
oficina di cambio

ÉCHANGE
D

koffer
maleta

auto
auto

Taal

idioma

ja / nee

si / no

oké

bon

hallo

hallo

vertaler

tolk

bedankt

masha danki

Hoeveel kost …?

Cuanto esaki ta costa?

Ik begrijp het niet

Mi no ta compronde

probleem

problema

Goedenavond!

bon nochi

Goedemorgen!

Bon dia!

Goedenavond!

Bon nochi!

Tot ziens

ayo

richting

direccion

bagage

maleta

zak

handbag

rugzak

rugtas

gast

huesped

kamer

camber

slaapzak

slaapzak

tent

tent

toeristeninformatie

informacion pa turista

strand

lama

kredietkaart

credit card

ontbijt

desayuno

lunch

cuminda di merdia

avondeten

cuminda di anochi

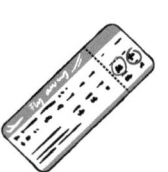

ticket

carchi

lift

cabe'i boto

postzegel

stampia

grens

grens

douane

duana

ambassade

embahada

visum

visa

paspoort

paspoort

transport
transport

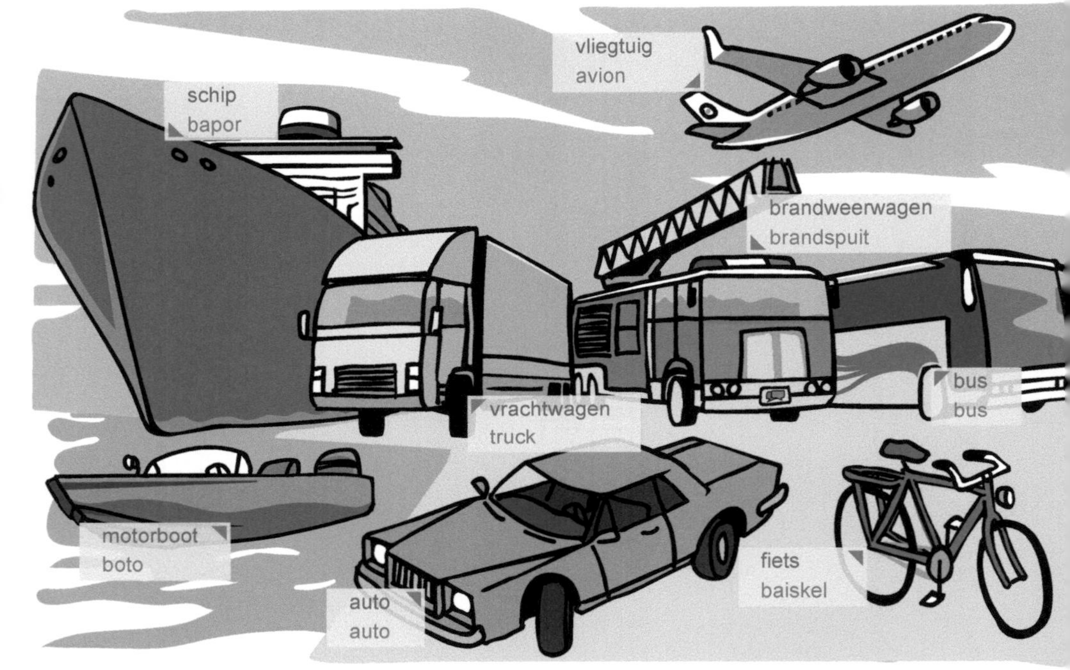
vliegtuig
avion
schip
bapor
brandweerwagen
brandspuit
bus
bus
vrachtwagen
truck
motorboot
boto
fiets
baiskel
auto
auto

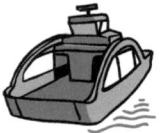

veerboot

ferry

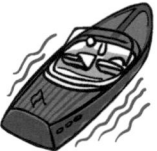

boot

boto

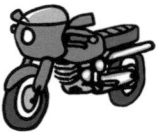

motor

brommer

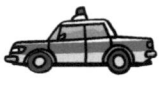

politiewagen

auto di polis

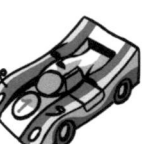

racewagen

auto di careda

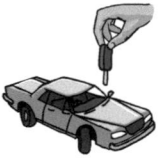

huurauto

auto di huur

carpoolen

car sharing

sleepwagen

takelwagen

vuilniswagen

dump truck

motor

motor

benzine

gasolin

benzinestation

pomp di gasolin

verkeersbord

borchi di trafico

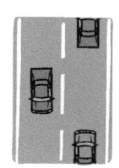

verkeer

trafico

file

fila

parkeerplaats

parkeerplaats

station

stacion di trein

sporen

riel

trein

trein

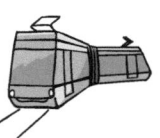

tram

tram

wagon

wagon

helikopter

helicopter

luchthaven

aeropuerto

toren

toren

passagier

pasahero

container

container

karton

caha di carton

kar

garoshi

mand

macutu

opstijgen / landen

lanta / baha

stad

ciudad

dorp

pueblo

stadscentrum

centro di ciudad

huis

cas

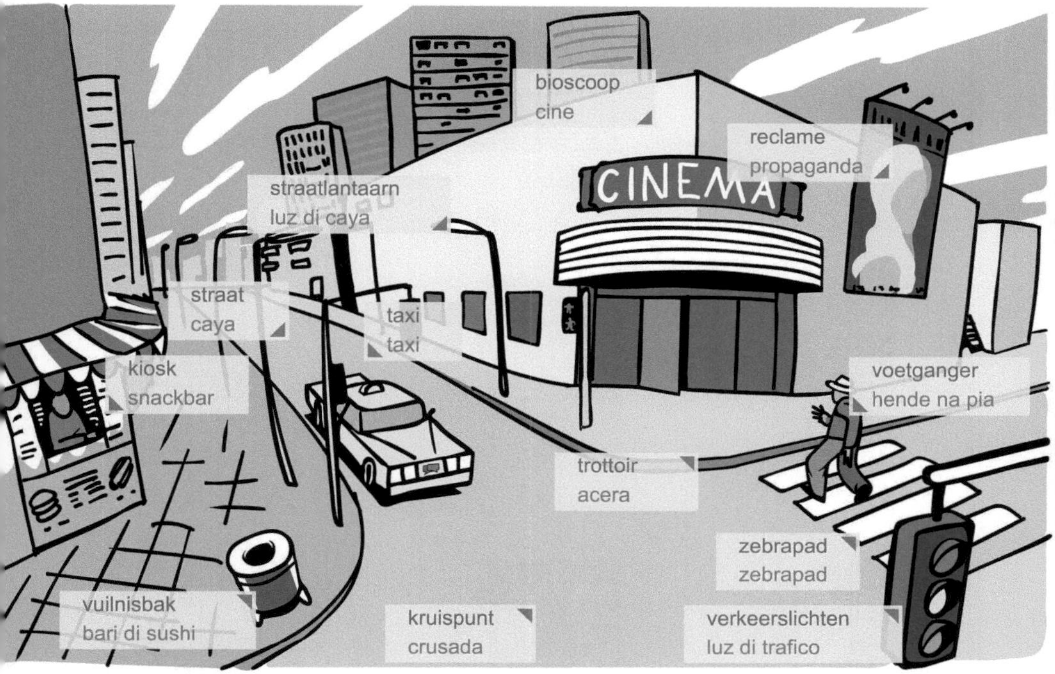

bioscoop
cine

reclame
propaganda

straatlantaarn
luz di caya

straat
caya

taxi
taxi

CINEMA

voetganger
hende na pia

kiosk
snackbar

trottoir
acera

zebrapad
zebrapad

vuilnisbak
bari di sushi

kruispunt
crusada

verkeerslichten
luz di trafico

hut

hut

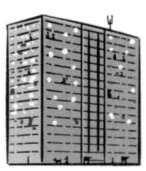

woning

flat

station

stacion di trein

stadshuis

stadhuis

museum

museo

school

scol

stad - ciudad

11

universiteit

universidad

bank

banco

ziekenhuis

hospital

hotel

hotel

apotheek

botica

kantoor

oficina

boekwinkel

boekhandel

winkel

tienda

bloemenwinkel

floresteria

supermarkt

supermarket

markt

mercado

warenhuis

department store

vishandelaar

bendedo di pisca

winkelcentrum

shopping center

haven

haf

park

park

bank

banki

brug

brug

trap

trapi

metro

metro

tunnel

tunnel

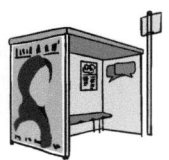

bushalte

parada di bus

bar

bar

restaurant

restaurant

brievenbus

postbox

straatnaambord

borchi di nomber di caya

parkeermeter

parkeermeter

zoo

parke di bestia

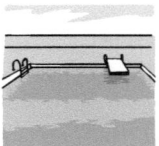

zwembad

piscina

moskee

moskee

boerderij

cunucu

milieuverontreiniging

polucion

kerkhof

santana

kerk

misa

speelplaats

speelplaats

tempel

tempel

landschap

paisahe

blad
blachi

wegwijzer
borchi di direccion

weg
caminda

weide
sabana

steen
piedra

wandelaar
keirodo

boom
palo

rivier
riu

gras
yerba

bloem
flor

vallei

vallei

heuvel

sero

meer

lago

bos

mondi

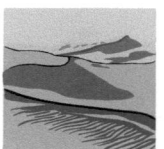

woestijn

desierto

vulkaan

volcan

kasteel

kasteel

regenboog

arco iris

paddenstoel

paddenstoel

palmboom

palma

mug

sangura

vlieg

musca

mier

vruminga

bijl

bij

spin

haraña

kever

tor

kikker

dori

eekhoorn

eekhoorn

egel

porcospina

haas

coneu

uil

shoco

vogel

parha

zwaan

zwaan

wild zwijn

porco di mondi

hert

bina

eland

eland

dam

dam

windturbine

molina di biento

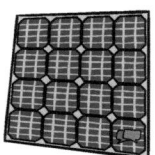

zonnepaneel

panel solar

klimaat

clima

ober
waiter

menu
menu

stoel
stoel

soep
sopi

pizza
pizza

tafelkleed
paña di mesa

bestek
bestek

voorgerecht
aperitivo

hoofdgerecht
cuminda principal

nagerecht
dessert

drankjes
bebida

eten
cuminda

fles
boter

fastfood

fastfood

street food

streetfood

theepot

canica di te

suikerpot

pochi di sucu

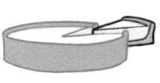

portie

porcion

espressomachine

espressomachine

kinderstoel

stoel di mucha

rekening

cuenta

dienblad

hasechi

mes

cuchiu

vork

forki

lepel

cuchara

theelepel

telep

serviette

napkin

glas

glas

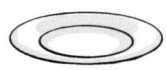

bord
....
tayo

soepbord
....
tayo di sopi

schoteltje
....
scoter

saus
....
saus

zoutvatje
....
pochi di salo

pepermolen
....
mulina di peper

azijn
....
binager

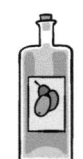

olie
....
azeta

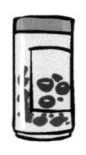

kruiden
....
specerij

ketchup
....
ketchup

mosterd
....
mosterd

mayonaise
....
mayonaise

supermarkt

supermarket

aanbieding
oferta special
FOR
klant
cliente
zuivelproducten
producto lacteo
fruit
fruta
winkelwagen
garoshi di compra

BUTCHERS

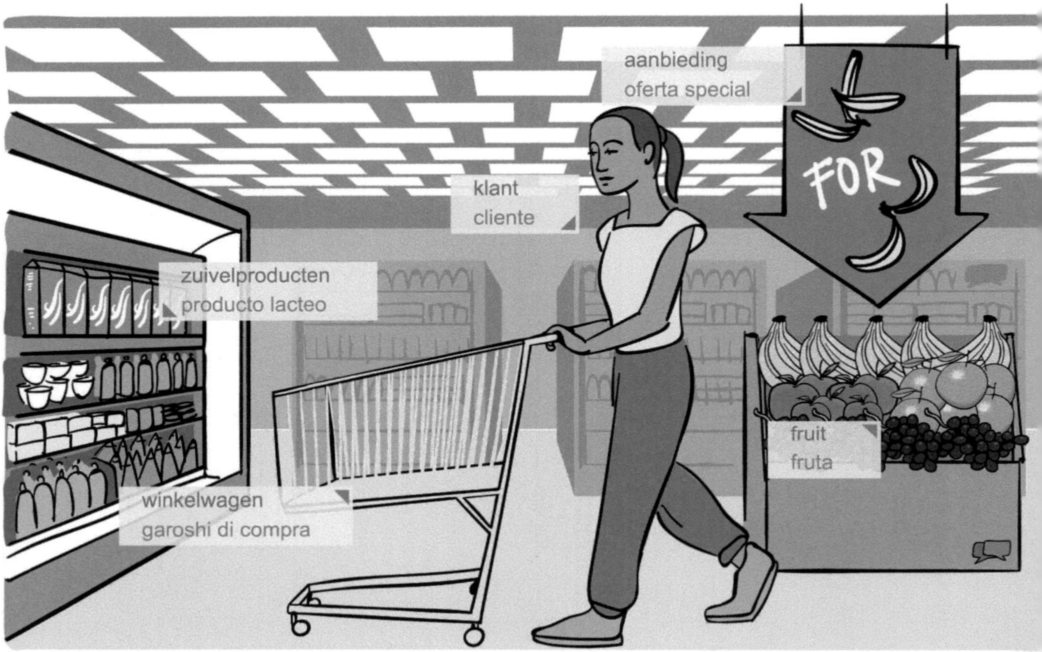

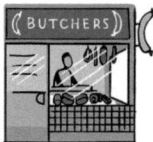

slagerij

carniceria

BAKERY

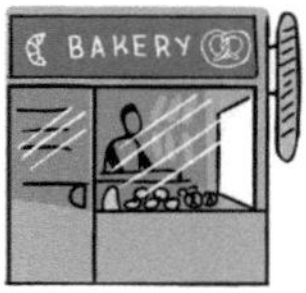

bakkerij

panaderia

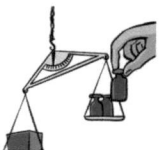

wegen

pisa

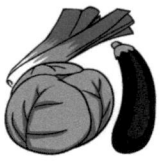

groenten

berdura

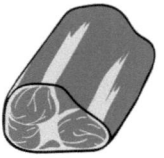

vlees

carni

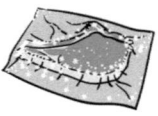

diepvriesvoedsel

frozen food

charcuterie

beleg di carni

conserven

cuminda di bleki

waspoeder

detergente na puiro

snoep

mangel

huishoudproducten

producto pa cas

schoonmaakproducten

articulo di limpiesa

verkoopster

bendedo

kassa

cahero

kassier

cahero

boodschappenlijstje

lista di compra

openingstijden

orario

portefeuille

cartera

kredietkaart

credit card

tas

tas

plastieken zakje

saco di plastic

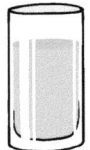

water

awa

sap

juice

melk

lechi

cola

cola

wijn

biña

bier

cerbes

alcohol

alcohol

cacao

chocomel

thee

te

koffie

koffie

espresso

espresso

cappuccino

cappuccino

banaan

bacoba

appel

appel

sinaasappel

apelsina

meloen

milon

citroen

lamunchi

wortel

wortel

knoflook

conoflok

bamboe

bambu

ajuin

siboyo

champignon

mushroom

noten

noot

noodles

pasta

spaghetti

spaghetti

rijst

aros

salade

salada

frieten

batata hasa

gebakken aardappelen

batata hasa

pizza

pizza

hamburger

hamburger

sandwich

sandwich

kalfslapje

cutlet

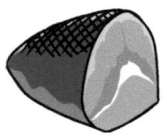

ham

ham

salami

salami

worst

soseishi

kip

galiña

braden

hasa

vis

pisca

havervlokken

papa

muesli

müsli

cornflakes

cornflakes

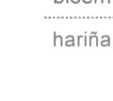

bloem

hariña

croissant

croissant

pistolet

pan rondo

brood

pan

toast

toast

koekjes

cuki

boter

manteca

kwark

kwark

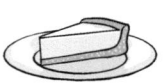

taart

bolo

ei

webo

spiegelei

webo hasa

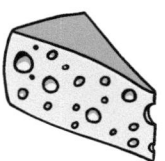

kaas

keshi

ijs	suiker	honing
ijscream	sucu	honing

confituur	choco	curry
jam	pasta di chuculati	curry

boerderij
cunucu

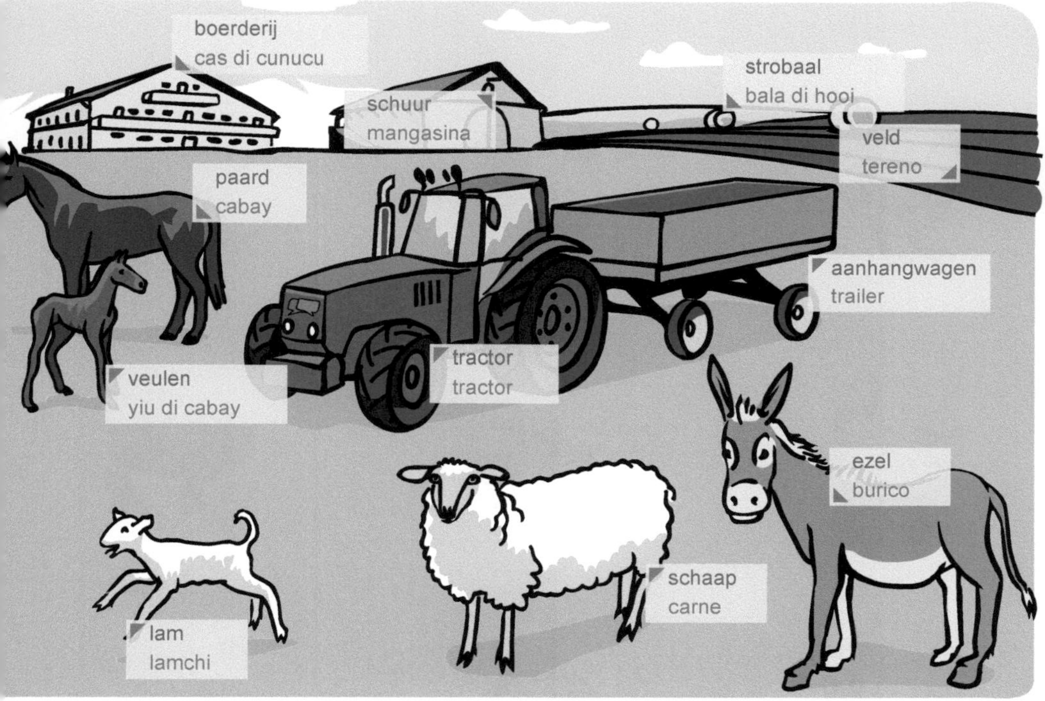
boerderij
cas di cunucu
schuur
mangasina
strobaal
bala di hooi
veld
tereno
paard
cabay
aanhangwagen
trailer
veulen
yiu di cabay
tractor
tractor
ezel
burico
schaap
carne
lam
lamchi

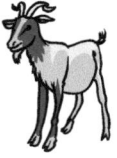

geit

cabrito

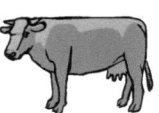

koe

baca

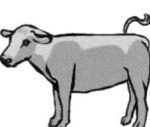

kalf

bishe

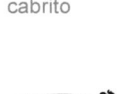

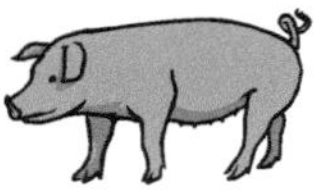

varken

porco

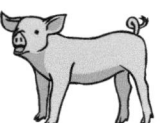

biggetje

yiu di porco

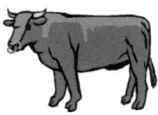

stier

toro

gans
gans

eend
pato

kuiken
puyito

kip
galiña

haan
gay

rat
djaca

kat
pushi

muis
raton

os
toro

hond
cacho

hondenhok
cas di cacho

tuinslang
slang pa muha mata

gieter
gieter

zeis
herment pa corta yerbe

ploeg
ploeg

sikkel

garabati

schoffel

chapi

hooivork

forki pa coy hooi

bijl

hacha

kruiwagen

garetia

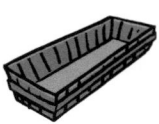

trog

pesebre

melkkan

canica di lechi

zak

saco

hek

heki

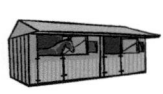

stal

stal

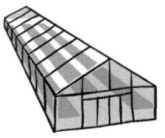

broeikas

greenhouse

bodem

suela

zaad

simia

mest

mest

maaidorser

mashin di cosecha

oogsten

cosecha

oogst

cosecha

yam

yams

tarwe

trigo

soja

soya

aardappel

batata

maïs

maishi

koolzaad

canola

fruitboom

palo di fruta

maniok

yuca

graan

grano

huis
cas

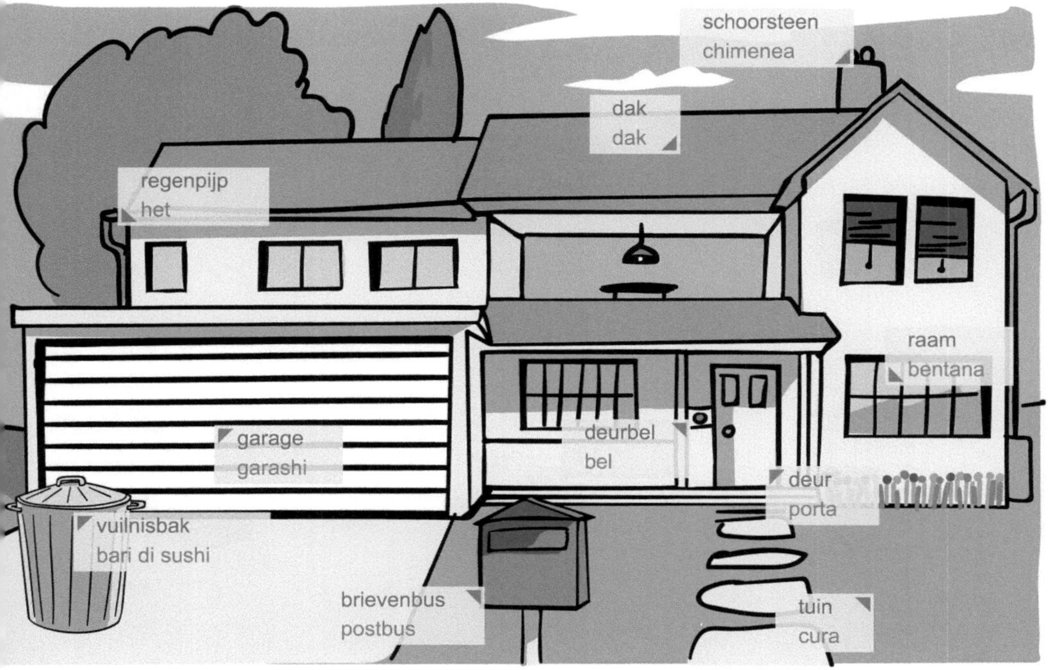
schoorsteen
chimenea
dak
dak
regenpijp
het
raam
bentana
garage
garashi
deurbel
bel
deur
porta
vuilnisbak
bari di sushi
brievenbus
postbus
tuin
cura

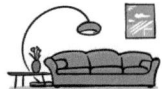

woonkamer

sala

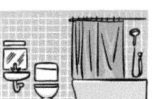

badkamer

baño

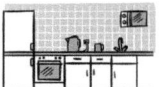

keuken

cushina

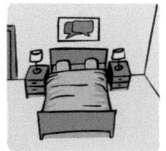

slaapkamer

camber

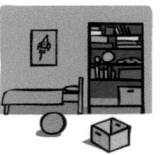

kinderkamer

camber di mucha

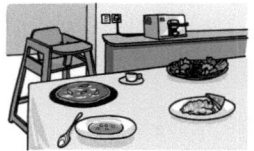

eetkamer

comedo

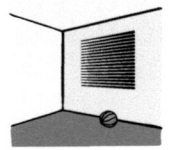

vloer

suela

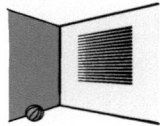

muur

muraya

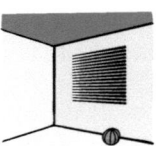

plafond

blafon

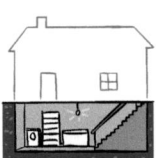

kelder

bodega

sauna

sauna

balkon

balcon

terras

terasa

zwembad

piscina

grasmaaier

mashin di corta yerba

dekbedovertrek

laken

dekbed

bedsprei

bed

cama

bezem

basora

emmer

hemchi

schakelaar

switch

woonkamer
sala

behangpapier
papel pa papela
foto
potret
lamp
lampi
schap
reki
kast
cashi
televisie
television
open haard
fogon
bloem
flor
kussen
cusinchi
sofa
sofa
vaas
vaas
afstandsbediening
remote control

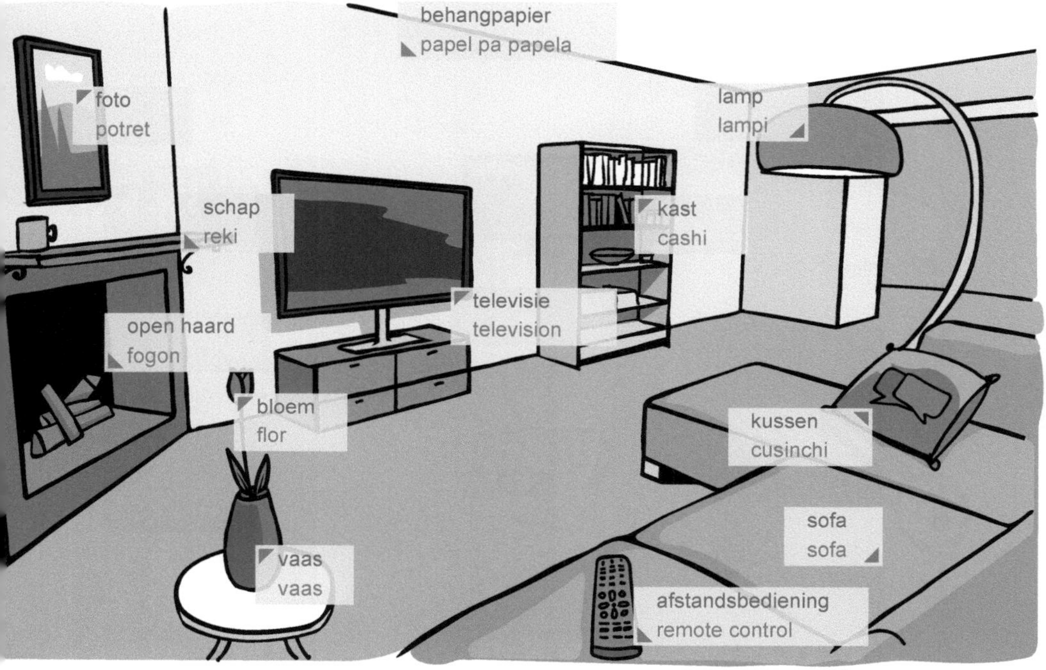

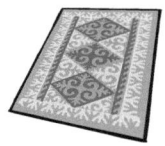

mat

tapijt

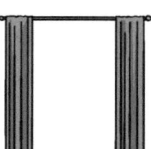

gordijn

cortina

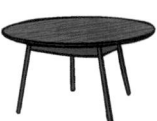

tafel

mesa

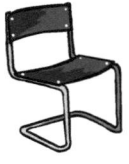

stoel

stoel

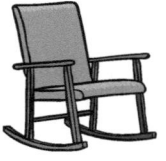

schommelstoel

stoel di zoya

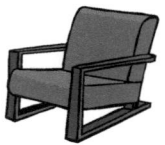

fauteuil

stoel

boek

buki

deken

dekel

decoratie

decoracion

brandhout

palo pa kima

film

film

stereo-installatie

stereoset

sleutel

yabi

krant

corant

schilderij

cuadra

poster

poster

radio

radio

notitieboekje

blocnote

stofzuiger

stofzuiger

cactus

cadushi

kaars

bela

keuken
cushina

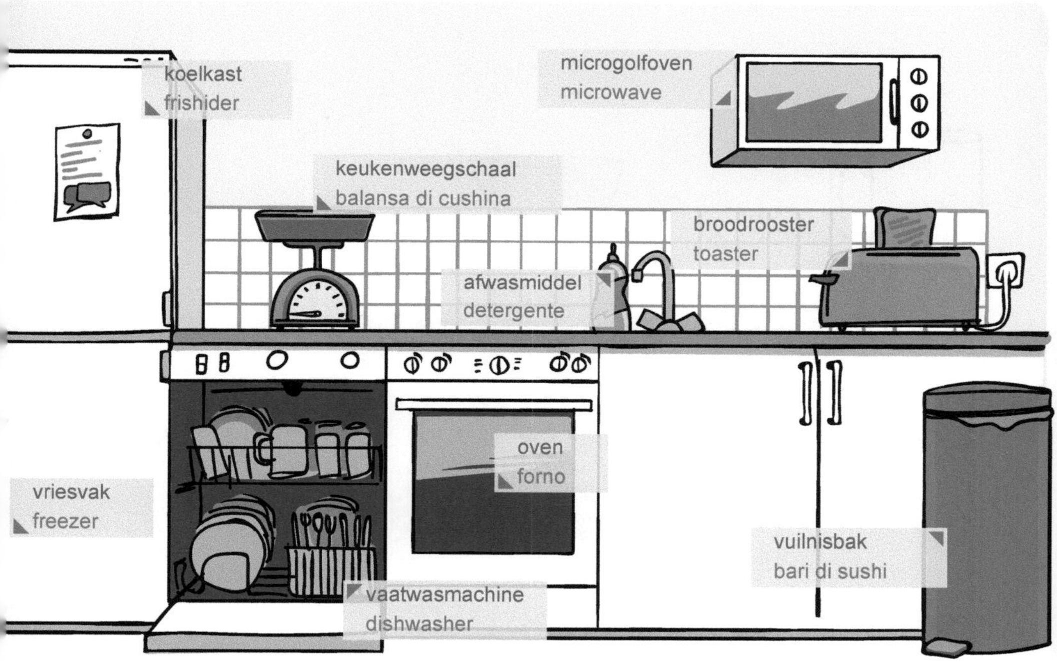
koelkast
frishider
microgolfoven
microwave
keukenweegschaal
balansa di cushina
broodrooster
toaster
afwasmiddel
detergente
oven
forno
vriesvak
freezer
vuilnisbak
bari di sushi
vaatwasmachine
dishwasher

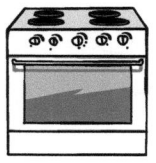

fornuis

stoof

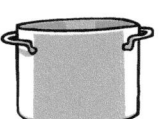

pot

wea

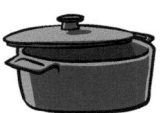

gietijzeren pot

wea di hero

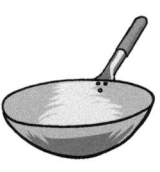

wok / kadai

wok

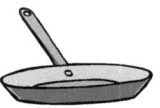

pan

planchi

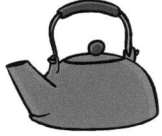

waterkoker

ketel

stoomkoker

steamer

bakplaat

teblachi pa horna

servies

servies

mok

beker

kom

conchi

eetstokjes

chopstick

pollepel

cuchara di sopi

spatel

spatula

garde

garde

vergiet

scurido

zeef

colado

rasp

raspa

mortier

fenso

barbecue

barbecue

haardvuur

candela

snijplank

planki pa corta

deegrol

rostok

kurkentrekker

kurkentrek

blik

bleki

blikopener

cos di habri bleki

pannenlap

pannenlap

gootsteen

wasbak

borstel

skeiro

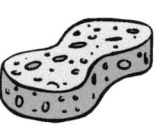

spons

spons

blender

blender

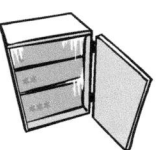

vriezer

freezer

papfles

tetero

kraan

cranchi

badkamer
baño

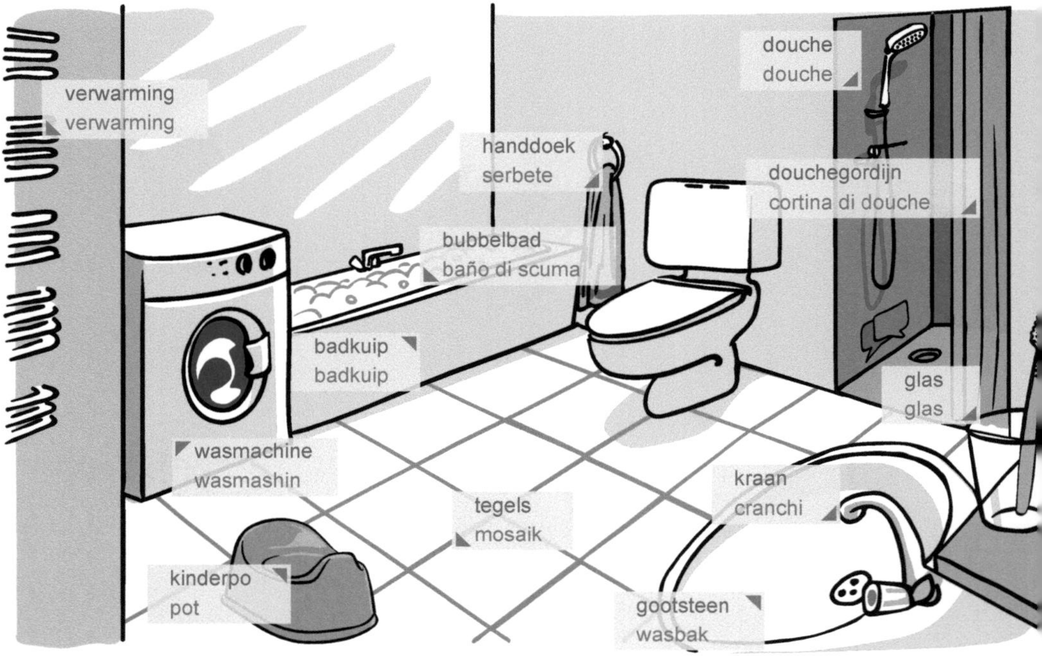
verwarming
verwarming
douche
douche
handdoek
serbete
douchegordijn
cortina di douche
bubbelbad
baño di scuma
badkuip
badkuip
glas
glas
wasmachine
wasmashin
kraan
cranchi
tegels
mosaik
kinderpo
pot
gootsteen
wasbak

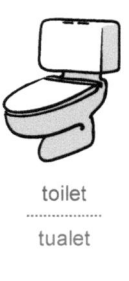

toilet

tualet

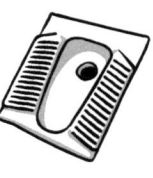

hurktoilet

hurktoilet

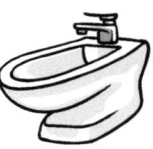

bidet

bidet

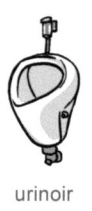

urinoir

urinal

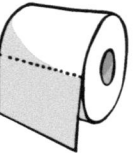

toiletpapier

papel di w.c.

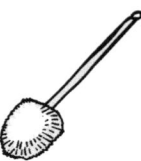

toiletborstel

skeiro di w.c.

tandenborstel

skeiro di djente

tandpasta

pasta di djente

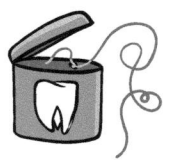

flosdraad

dental floss

wassen

laba

handdouche

douche di man

bidethanddouche

bidet

waskom

tobo

rugborstel

skeiro

zeep

habon

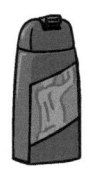

douchegel

shower gel

shampoo

shampoo

washandje

washandje

afvoer

drain

crème

crema

deodorant

desodorante

spiegel

spiel

handspiegel

spiel di man

scheermes

blet

scheerschuim

shaving foam

aftershave

aftershave

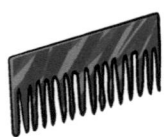

kam

peña

borstel

skeiro

haardroger

blower

haarlak

spray pa cabey

make-up

makeup

lippenstift

lipstick

nagellak

cos di pinta huña

watten

catuna

nagelknipper

sker pa corta huña

parfum

perfume

toilettas

tas

kruk

kruk

weegschaal

balansa

badjas

bata

latex handschoenen

handschoen

tampon

tampon

maandverband

kotex

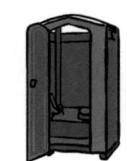

chemisch toilet

wc kimico

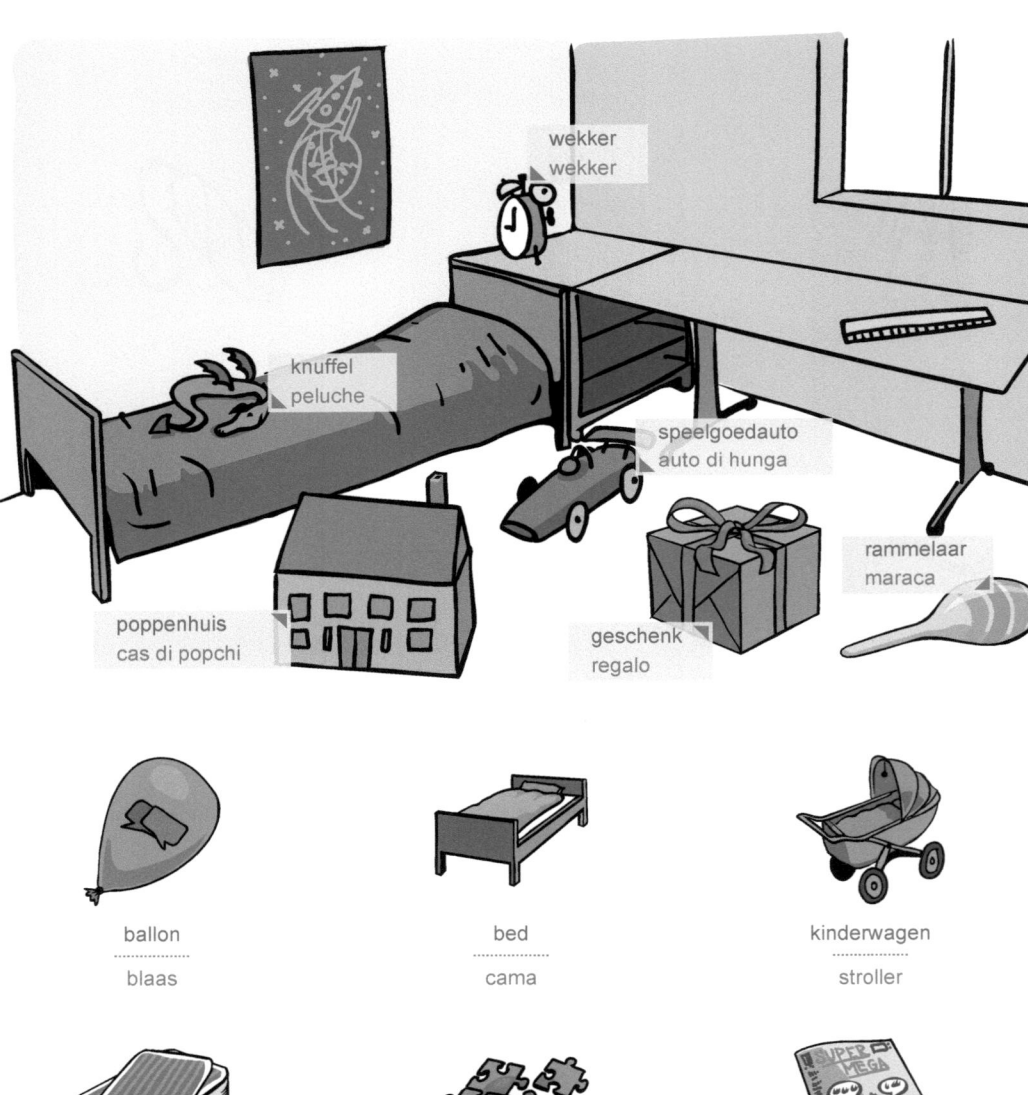

wekker
wekker

knuffel
peluche

speelgoedauto
auto di hunga

rammelaar
maraca

poppenhuis
cas di popchi

geschenk
regalo

ballon
blaas

bed
cama

kinderwagen
stroller

spel kaarten
baraha di carta

puzzel
puzzel

stripboek
comic

legoblokjes

lego

blokken

bloki di hunga

actiefiguur

figura di accion

kruippakje

romper

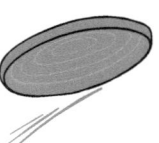

frisbee

frisbee

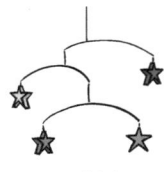

mobiel

mobil

bordspel

wega di mesa

dobbelsteen

dou

modelspoorweg

set di trein

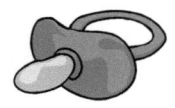

fopspeen

chupon

feest

fiesta

prentenboek

buki di prenchi

bal

bala

pop

popchi

spelen

hunga

zandbak

zandbak

schommel

zoya

speelgoed

cos di hunga

spelconsole

videogame

driewieler

tricycle

knuffelbeer

beer

kleerkast

cashi di paña

kleding

paña

sokken

mea

kousen

mea

maillot

pantyhose

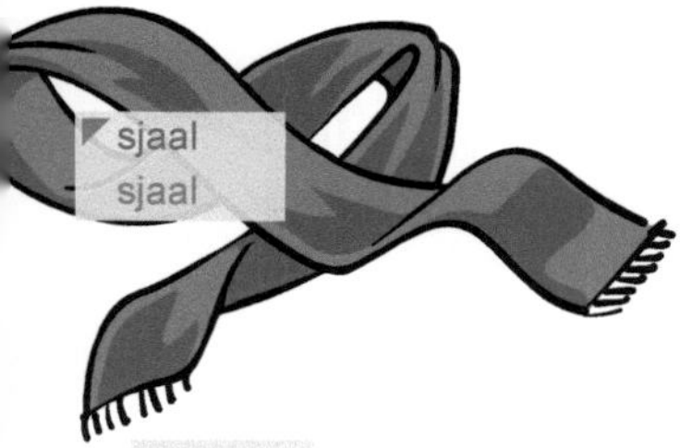

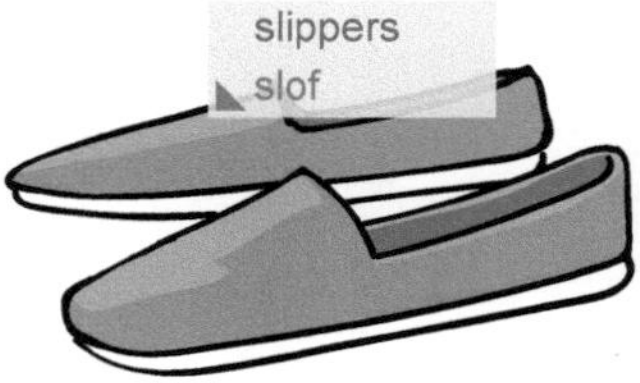

sjaal
sjaal

paraplu
paraplu

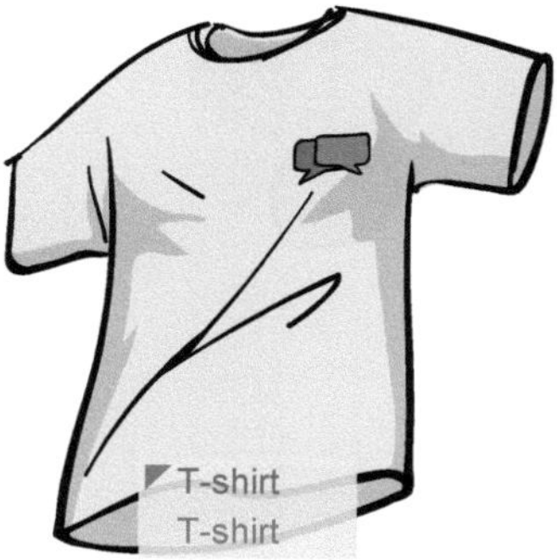

riem
faha

T-shirt
T-shirt

laarzen
boots

slippers
slof

sneakers
keds

sandalen
sandalia

schoenen
sapato

rubberlaarzen
laars di rubber

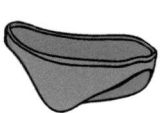

onderbroek
carsonsio

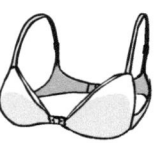

beha
bh

onderhemd
flanel

lichaam
body

broek
carson

jeans
jeans

rok
saya

blouse
blusa

hemd
camisa

trui
sweater

capuchontrui
sweater

blazer
blazer

jas
jacket

jas
jas

regenjas
regenjas

kostuum
flus

jurk
shimis

trouwjurk
shimis di bruid

pak
flus

nachthemd
yapon

pyjama
pidjama

sari
sari

hoofddoek
lenso di cabes

tulband
turban

boerka
burqa

kaftan
kaftan

abaya
abaya

badpak
zwempak

zwembroek
zwembroek

short
carson cortico

trainingspak
trainingspak

schort
lantera

handschoenen
handschoen

knoop

boton

bril

bril

armband

armband

ketting

cadena

ring

renchi

oorbel

renchi di horea

pet

pechi

kapstok

kapstok

hoed

sombre

das

dashi

rits

ziper

helm

helm

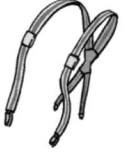

bretellen

guiel

schooluniform

uniform di scol

uniform

uniform

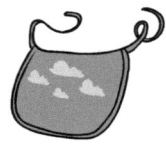

slabbetje

babado

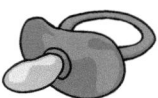

fopspeen

chupon

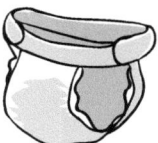

luier

bruki

kantoor
oficina

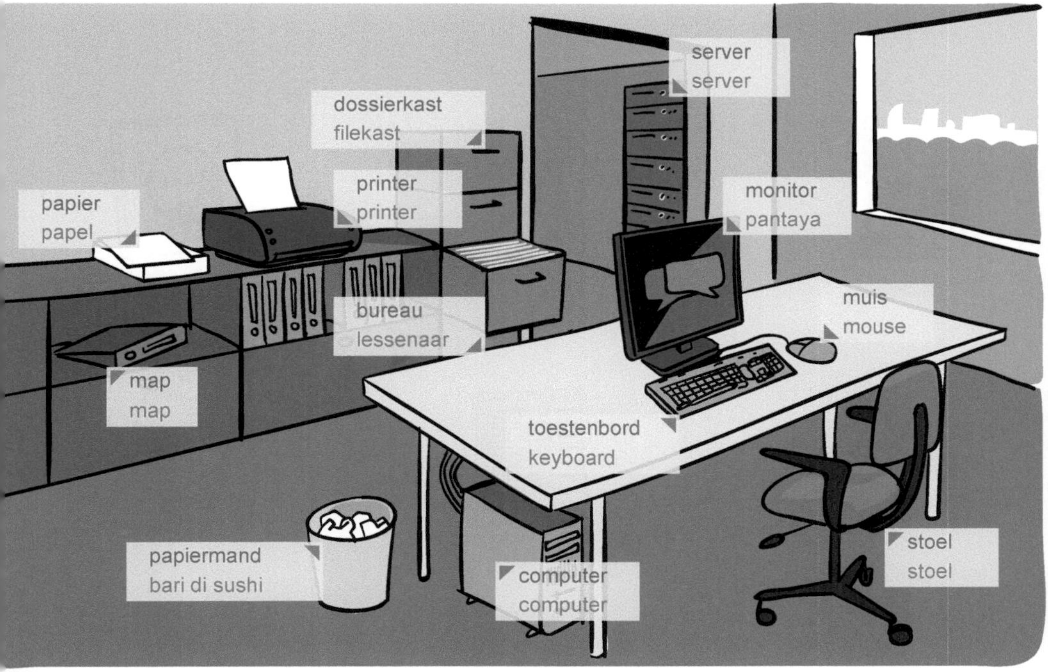
server
server
dossierkast
filekast
printer
printer
papier
papel
monitor
pantaya
muis
mouse
bureau
lessenaar
map
map
toestenbord
keyboard
papiermand
bari di sushi
computer
computer
stoel
stoel

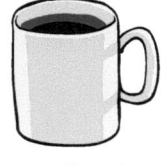

koffiemok

copi pa bebe koffie

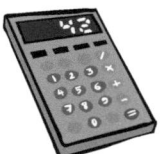

rekenmachine

calculator

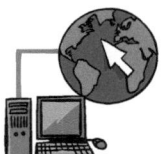

internet

internet

laptop
laptop

brief
carta

bericht
mensahe

gsm
celular

netwerk
red

kopieerapparaat
mashin di copia

software
software

telefoon
telefon

stopcontact
stopcontact

fax
fax mashin

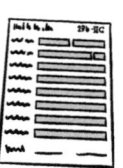

formulier
formulario

document
documento

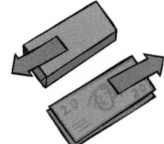

kopen

cumpra

betalen

paga

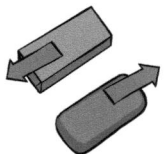

handelen

negosha

geld

placa

dollar

dollar

euro

euro

yen

yen

roebel

roebel

Zwitserse frank

frank suiso

Chinese renminbi

yuan renminbi

roepie

roepi

geldautomaat

bancomatico

wisselkantoor

oficina di cambio

goud

oro

zilver

plata

olie

azeta

energie

energia

prijs

prijs

contract

contract

belasting

impuesto

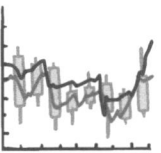

aandeel

share

werken

traha

werknemer

empleado

werkgever

dunado di trabou

fabriek

fabrica

winkel

tienda

politieagent
agente policial

brandweerman
bombero

kok
coki

dokter
dokter

piloot
piloto

tuinman

hardinero

timmerman

carpinte

naaister

cosedo

rechter

hues

chemicus

kimico

acteur

actor

buschauffeur

chauffeur di bus

taxichauffeur

chauffeur di taxi

visser

piscado

schoonmaakster

hende cu ta haci cas limpi

dakdekker

drechado di dak

ober

waiter

jager

jaagdo

schilder

verfdo

bakker

panadero

elektricien

electricista

bouwvakker

trahado den construccion

ingenieur

ingeniero

slager

carnicero

loodgieter

loodgieter

postbode

partido di carta

soldaat
solda

architect
arkitecto

kassier
cahero

bloemist
florista

kapper
pelukero / pelukera

conducteur
controlado di ticket

mecanicien
mecanico

kapitein
capitan

tandarts
dentista

wetenschapper
cientifico

rabbijn
rabbi

imam
imam

monnik
monk

geestelijke
pastor

werktuigen
herment

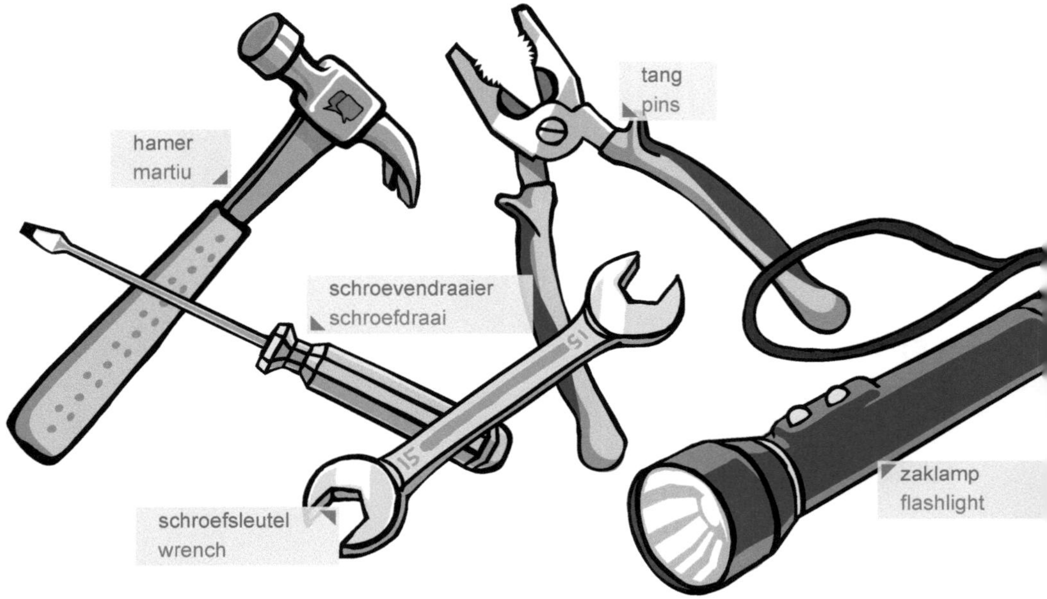
hamer
martiu
tang
pins
schroevendraaier
schroefdraai
schroefsleutel
wrench
zaklamp
flashlight

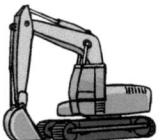

graafmachine

bulldozer

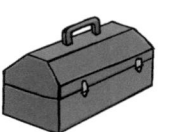

gereedschapskoffer

caha di herment

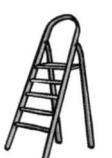

ladder

trapi

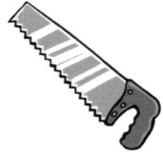

zaag

zaag

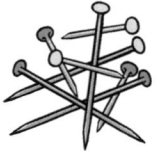

spijkers

clabo

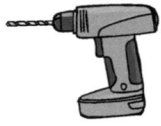

boormachine

boormashin

repareren

drecha

schop

shobel

Verdomme!

caraho!

blik

scop

verfpot

bleki di verf

schroeven

schroef

muziekinstrumenten
instrumento musical

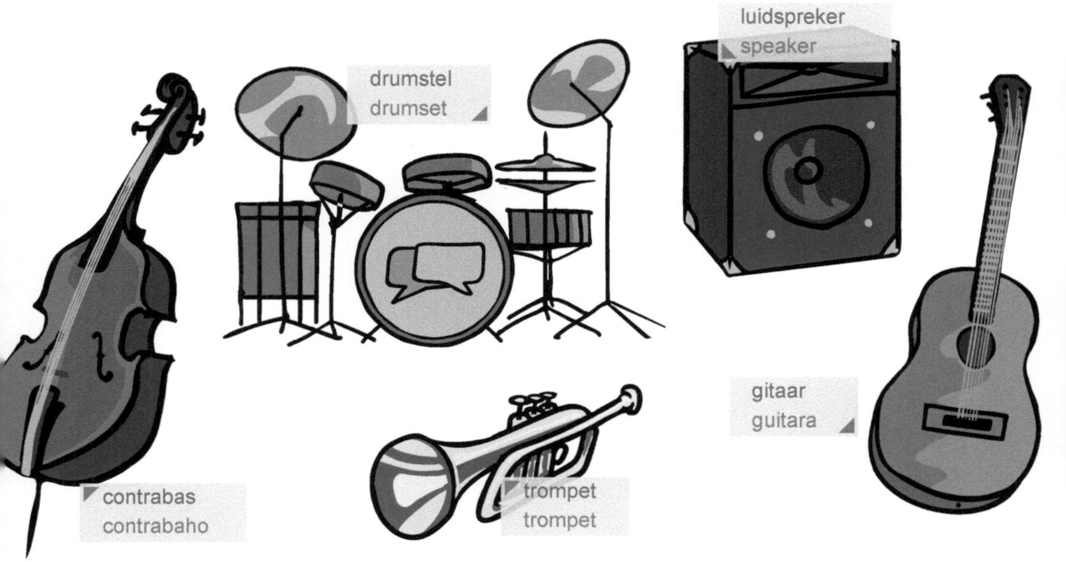

luidspreker
speaker

drumstel
drumset

gitaar
guitara

contrabas
contrabaho

trompet
trompet

piano

piano

viool

fio

basgitaar

baho

pauk

timbal

trommels

tambu

keyboard

keyboard

saxofoon

saxofon

fluit

fluit

microfoon

microfon

parke di bestia

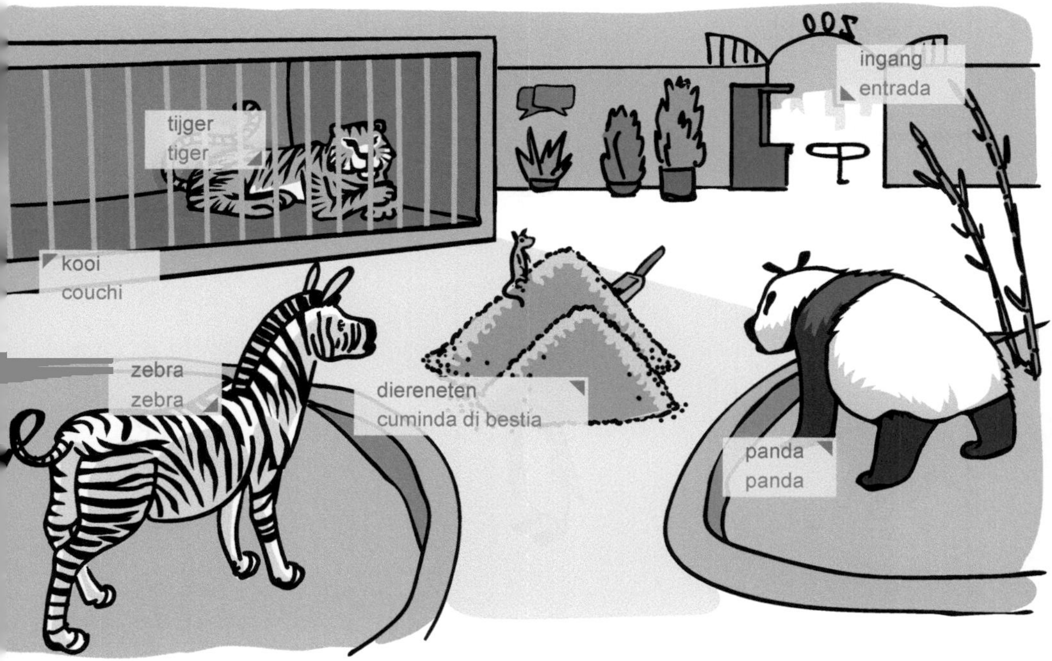

tijger
tiger

ingang
entrada

kooi
couchi

zebra
zebra

diereneten
cuminda di bestia

panda
panda

dieren
animal

olifant
olifante

kangoeroe
cangaru

neushoorn
neushoorn

gorilla
gorila

beer
beer

kameel

camel

struisvogel

avestruz

leeuw

leon

aap

macaco

flamingo

flamingo

papegaai

lora

ijsbeer

beer polar

pinguïn

pinguin

haai

tribon

pauw

pauwies

slang

colebra

krokodil

caiman

dierenverzorger

cuidado di bestia

zeehond

cacho di awa

jaguar

jaguar

pony
pony

luipaard
leopardo

nijlpaard
hipopotamo

giraffe
giraf

adelaar
aguila

wild zwijn
porco di mondi

vis
pisca

zeeschildpad
turtuga

walrus
walrus

vos
vos

gazelle
gazelle

rugby
futbol Americano

wielrennen
ciclismo

tennis
tennis

basketbal
basketball

zwemmen
landamento

boksen
boxeo

ijshockey
ice hockey

voetbal
futbol

badminton
badminton

atletiek
atletismo

handbal
handbal

skiën
ski

polo
polo

activiteiten
actividad

lachen
hari
springen
bula
knuffelen
brasa
wandelen
cana
zingen
canta
dromen
soña
bidden
resa
kussen
sunchi

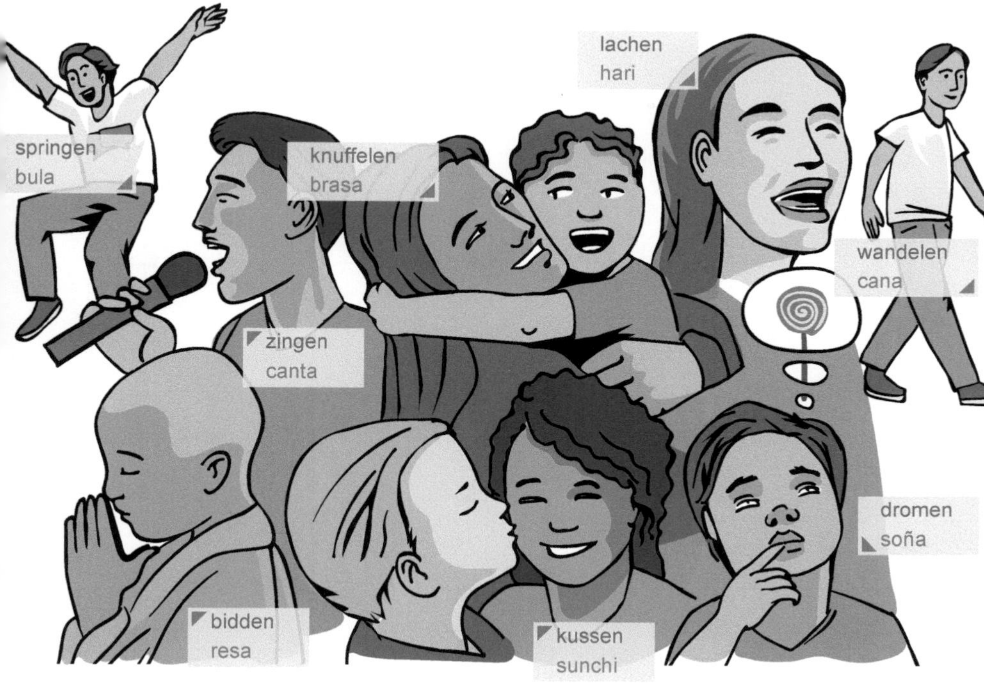

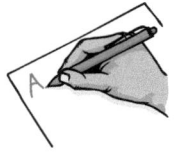

schrijven

skirbi

tekenen

pinta

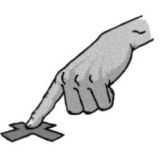

tonen

mustra

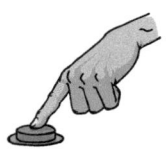

duwen

primi

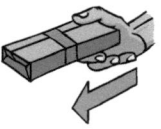

geven

duna

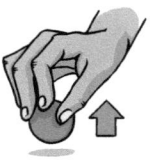

nemen

coy

hebben

tin

doen

haci

zijn

ta

staan

para

lopen

core

trekken

ranca

gooien

tira

vallen

cay

liggen

drumi

wachten

warda

dragen

carga

zitten

sinta

aankleden

bisti

slapen

drumi

ontwaken

lanta fo'i soño

kijken naar

mira

wenen

yora

aaien

caricia

kammen

peña

praten

papia

begrijpen

compronde

vragen

puntra

luisteren

scucha

drinken

bebe

eten

come

opruimen

ruim op

houden van

stima

koken

cushna

rijden

bai

vliegen

bula

zeilen

zeilo

rekenen

conta

Lezen

lesa

leren

siña

werken

traha

trouwen

casa

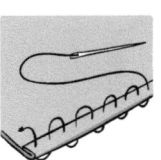

naaien

cose

tandenpoetsen

skeiro djente

doden

mata

roken

huma

sturen

manda

grootmoeder
wela

grootvader
welo

vader
tata

moeder
mama

baby
baby

dochter
yiu muhe

zoon
yiu homber

gast

huesped

tante

tanta

oom

omo

broer

ruman homber

zus

ruman muhe

lichaam

curpa

voorhoofd
frenta
oog
wowo
schouder
schouder
vinger
dede
gezicht
cara
kin
cachete
hand
man
borst
pecho
been
pia
arm
brasa

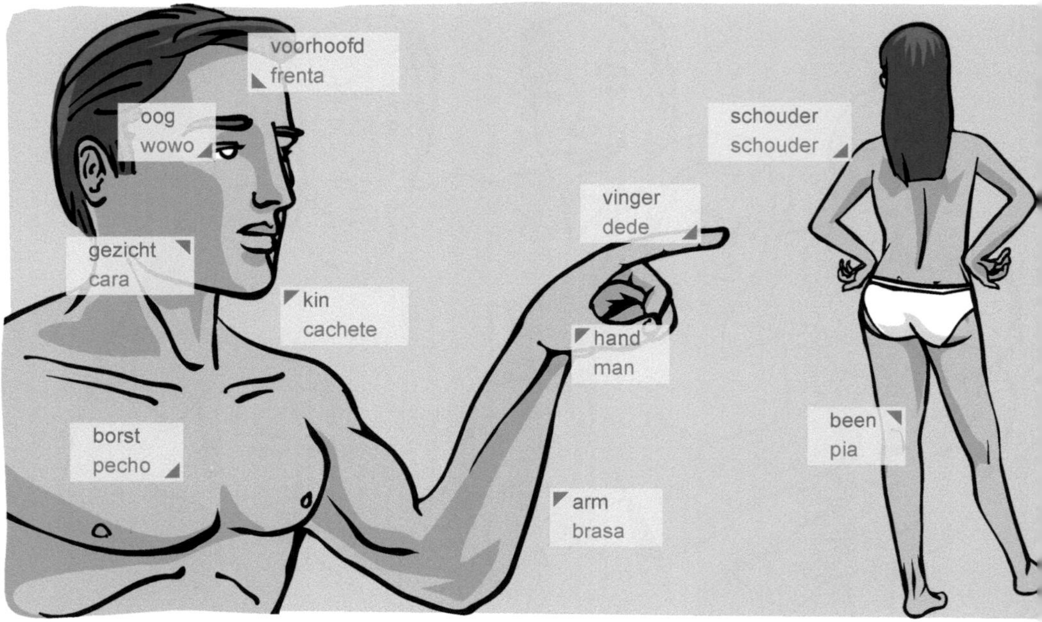

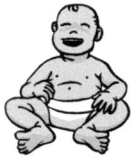

baby

baby

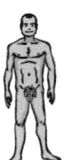

man

homber

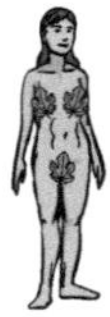

vrouw

muhe

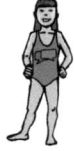

meisje

mucha muhe

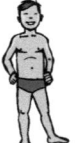

jongen

mucha homber

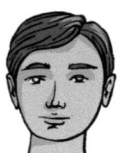

hoofd

cabes

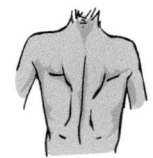

rug

lomba

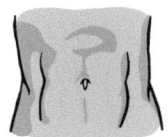

buik

bariga

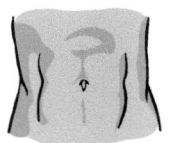

navel

lombrishi

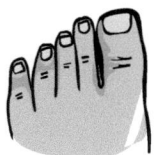

teen

dede di pia

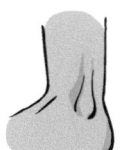

hiel

hilchi

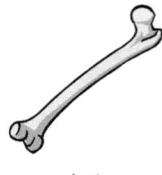

bot

weso

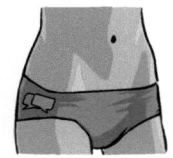

heup

heup

knie

rudia

elleboog

elleboog

neus

nanishi

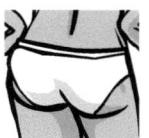

zitvlak

chanchan

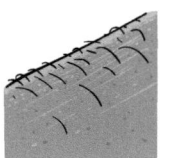

huid

cuero

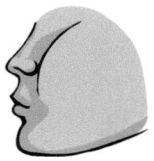

wang

wang

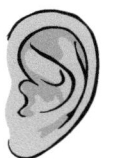

oor

horea

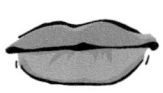

lip

lip

mond

boca

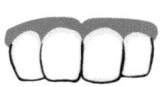

tand

djente

tong

lenga

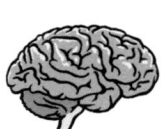

hersenen

celebro

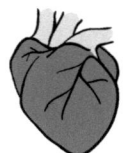

hart

curason

spier

musculo

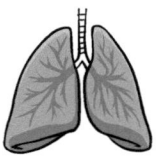

long

pulmon

lever

higra

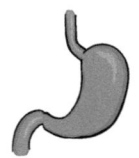

maag

stoma

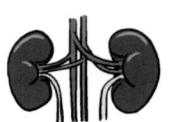

nieren

nier

seks

sex

condoom

condon

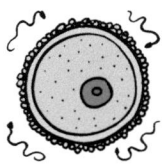

eicel

ovulo

sperma

sperma

zwangerschap

embaraso

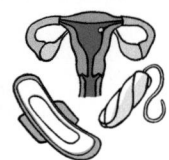

menstruatie

menstruacion

vagina

vagina

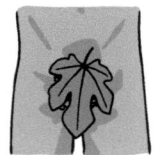

penis

penis

wenkbrauw

wenkbrauw

haar

cabey

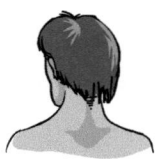

nek

nek

ziekenhuis
hospital

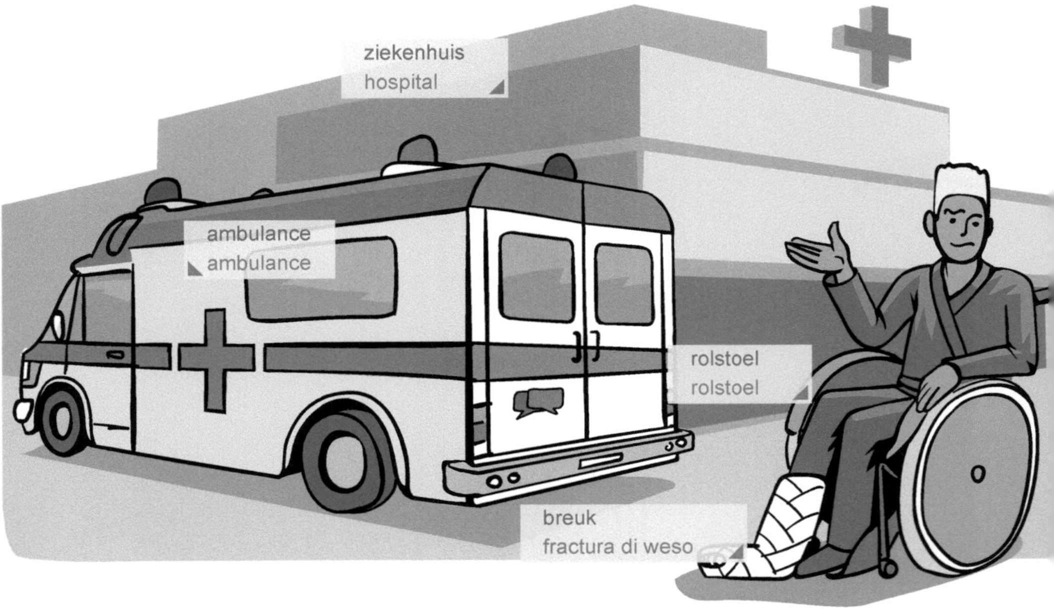

ziekenhuis
hospital
ambulance
ambulance
rolstoel
rolstoel
breuk
fractura di weso

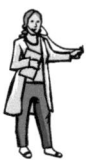

dokter

dokter

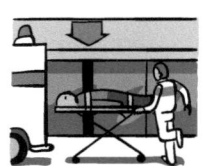

spoed

EHBO (prome asistencia/eerste hulp)

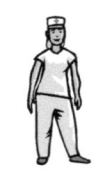

verpleegkundige

nurse

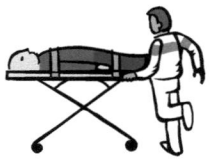

noodgeval

caso di emergencia

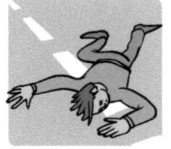

bewusteloos

fo'i tino

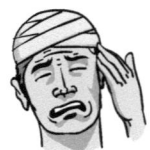

pijn

dolor

verwonding

lesion

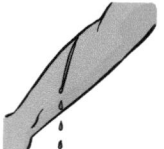

bloeding

sangramento

hartaanval

ataca di curason

beroerte

ataca celebral

allergie

alergia

hoest

tosa

koorts

keintura

griep

griep

diarree

diarea

hoofdpijn

dolor di cabes

kanker

cancer

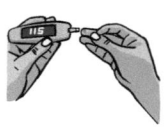

diabetes

diabetes

chirurg

ciruhano

scalpel

scalpel

operatie

operacion

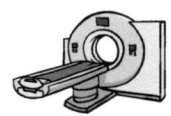

CT

CT

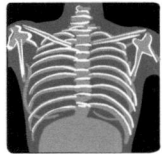

röntgenstraal

x-ray

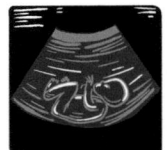

ultrageluid

echo

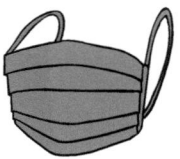

gezichtsmasker

masker contra stof

ziekte

malesa

wachtkamer

sala di espera

kruk

kruk

pleister

pleister

verband

verband

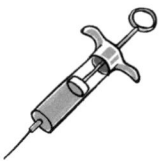

injectie

inyeccion

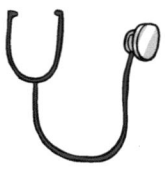

stethoscoop

stetoscop

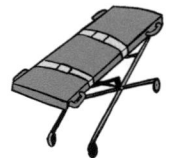

brancard

brancard

thermometer

thermometer

geboorte

nacemento

overgewicht

sobrepeso

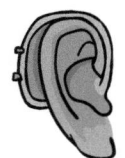

hoorapparaat

aparato pa oido

ontsmettingsmiddel

desinfectante

infectie

infeccion

virus

virus

HIV / AIDS

HIV / AIDS

medicijn

remedi

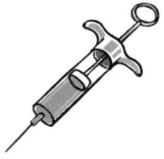

vaccinatie

vacuna

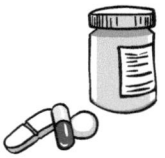

tabletten

pilder

pil

pilder

noodoproep

yamada di emergencia

bloeddrukmeter

aparato pa midi presion

ziek / gezond

malo / saludabel

Help!

auxilio!

alarm

alarma

overval

atraco

aanval

atake

gevaar

peliger

nooduitgang

salida di emergencia

Brand!

candela

brandblusser

brandspuit

ongeval

desgracia

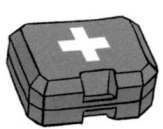

EHBO-kit

caha di prome asistencia

SOS

SOS

politie

polis

Europa

Europa

Noord-Amerika

Noord America

Zuid-Amerika

Sur America

Afrika

Africa

Azië

Asia

Australië

Australia

Atlantische Oceaan

Oceano Atlantico

Stille Oceaan

Oceano Pacifico

Indische Oceaan

Oceano Indio

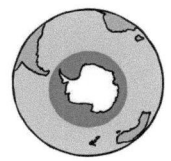

Antarctische Oceaan

Oceano Antartico

Arctische Oceaan

Oceano Artico

Noordpool

Noordpool

Zuidpool

Zuidpool

Antarctica

Antartica

aarde

mundo

land

tera

zee

lama

eiland

isla

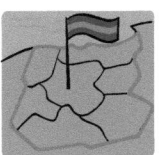

natie

nacion

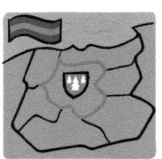

staat

estado

wijzerplaat

holoshi analog

uurwijzer

wijzer chikito

minuutwijzer

wijzer grandi

secondewijzer

wijzer di seconde

Hoe laat is het?

Cuant'or tin?

dag

dia

tijd

tempo

nu

awor

digitale horloge

holoshi digital

minuut

minuut

uur

ora

week

siman

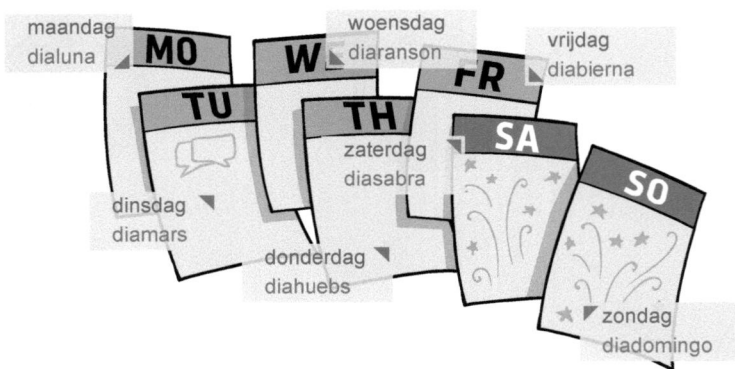

maandag / dialuna
dinsdag / diamars
woensdag / diaranson
donderdag / diahuebs
vrijdag / diabierna
zaterdag / diasabra
zondag / diadomingo

gisteren

ayera

vandaag

awe

morgen

mañan

ochtend

mainta

middag

merdia

avond

anochi

werkdagen

dia di trabou

weekend

weekend

jaar

aña

regen
awacero
regenboog
arco iris
wind
biento
sneeuw
sneeuw
lente
lente
herfst
herfst
zomer
zomer
winter
winter

4.APRIL 11°
5.APRIL 4°
6.APRIL 13°
7.APRIL 8°
8.APRIL 10°

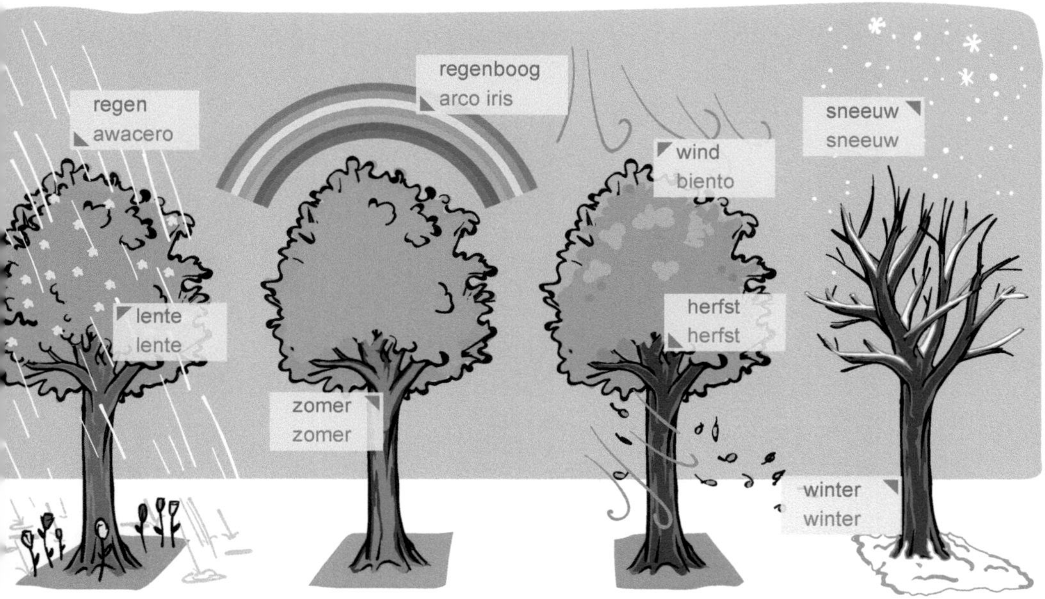

weervoorspelling

pronostico di tempo

F C
120 40
90 30
60 20
30 10
0 0
-30 -10
-20

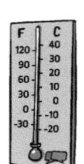

thermometer

thermometer

zonneschijn

solo ta briya

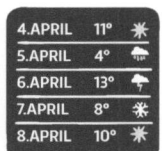

wolk

nubia

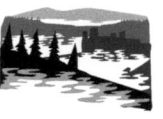

mist

neblina

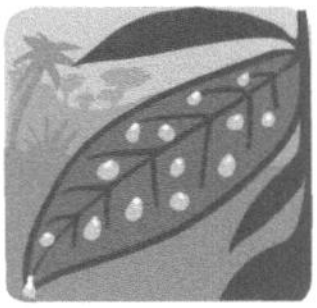

vochtigheid

humedad

bliksem

lamper

donder

strena

storm

mal tempo

hagel

hagel

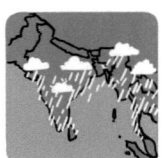

moesson

mal tempo

overstroming

inundacion

ijs

ijs

januari

januari

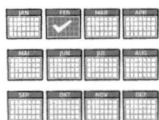

februari

februari

maart

maart

april

april

mei

mei

juni

juni

juli

juli

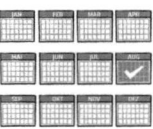

augustus

augustus

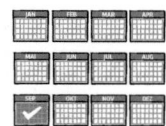

september
september

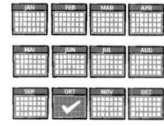

oktober
october

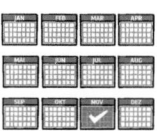

november
november

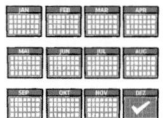

december
december

vormen
forma

cirkel
circulo

kwadraat
cuadra

rechthoek
rectangulo

driehoek
triangulo

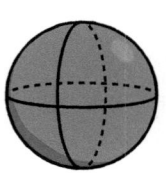

bol
bol

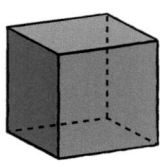

kubus
kubus

kleuren

colo

wit

blanco

geel

geel

oranje

oraño

roze

ros

rood

cora

paars

biña

blauw

blauw

groen

berde

bruin

bruin

grijs

shinishi

zwart

preto

veel / weinig

hopi / tiki

boos / kalm

rabia / trankil

mooi / lelijk

bunita / mahos

begin / einde

comienso / final

groot / klein

grandi / chikito

licht / donker

cla / scur

broer / zus

ruman homber / ruman muhe

proper / vuil

limpi / sushi

volledig / onvolledig

completo / incompleto

dag / nacht

dia / anochi

dood / levend

morto / bibo

breed / smal

hancho / smal

eetbaar / oneetbaar

comibel / incomibel

kwaadaardig / vriendelijk

mal hende / bon hende

opgewonden / verveeld

ansioso / ferfela bo mes

dik / dun

gordo / flaco

eerst / laatst

prome / ultimo

vriend / vijand

amigo / enemigo

vol / leeg

yen / bashi

hard / zacht

duro / moli

zwaar / licht

pisa / lihe

honger / dorst

hamber / sed

ziek / gezond

malo / saludabel

illegaal / legaal

ilegal / legal

intelligent / dom

inteligente / sabi

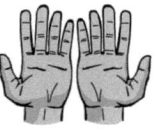

links / rechts

robes / drechi

dichtbij / veraf

cerca / leu

nieuw / gebruikt

nobo / uza

niets / iets

nada / algo

oud / jong

bieu / jong

aan / uit

cendi / paga

open / dicht

habri / cera

stil / luid

keto / duro

rijk / arm

rico / pober

juist / fout

bon / fout

ruw / glad

grof / liso

droevig / blij

tristo / contento

kort / lang

cortico / largo

traag / snel

pocopoco / lihe

nat / droog

muha / seco

warm / koud

cayente / friu

oorlog / vrede

guera / paz

0	**1**	**2**
nul	één	twee
cero	un	dos

3	**4**	**5**
drie	vier	vijf
tres	cuater	cinco

6	**7**	**8**
zes	zeven	acht
seis	shete	ocho

9	**10**	**11**
negen	tien	elf
nuebe	dies	diesun

12

twaalf

diesdos

13

dertien

diestres

14

veertien

diescuatro

15

vijftien

diescinco

16

zestien

diesseis

17

zeventien

diesshete

18

achtien

diesocho

19

negentien

diesnuebe

20

twintig

binti

100

honderd

shen

1.000

duizend

mil

1.000.000

miljoen

miyon

Engels

Ingles

Amerikaans Engels

Ingles Mericano

Chinees (Mandarijn)

Chines Mandarin

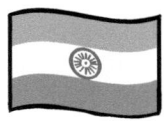

Hindi

Hindi

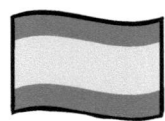

Spaans

Spaño

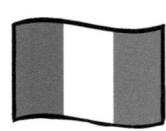

Frans

Frances

Arabisch

Arabe

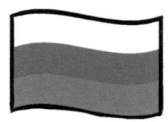

Russisch

Ruso

Portugees

Portugues

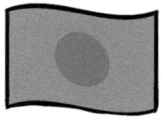

Bengali

Bengal

Duits

Aleman

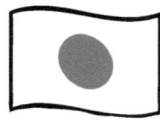

Japans

Hapones

ik

ami

u

abo

hij / zij / het

e

wij

nos

u

boso

ze

nan

wie?

ken?

wat?

kico?

hoe?

con?

waar?

unda?

wanneer?

ki ora?

naam

nomber

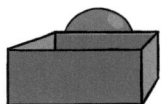

achter

patras

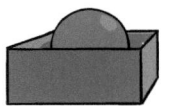

in

den

voor

dilanti di

boven

ariba

op

riba

onder

bou di

naast

banda di

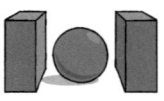

tussen

entre

plaats

luga